諷 詩 調 · 17

동굴일지 · I

박진환 제35시집

지성 · 감성의 메타언어
조선문학시인선 · 317

諷 詩 調 · 17

동굴일지 · I

조선문학사

양극화의 시학

形而上 詩法을 이것이다라고 단정적으로 제시할 수는 없다. 그것은 形而上 詩人들이 자신들의 시를 출발시킬 때 形而上 詩法을 이것이다라고 따로이 선언한 바가 없기 때문이다.

형이상시를 말할 때 이러이러한 시법에 의해 씌어진 시가 형이상시다라고 하지 않고 최고의 시인의 시가 형이상시다라고 그 개념을 분명히 하지 않은 것은 이 때문이다.

그렇다고 형이상시학이나 시법이 애초 부재했다고는 할 수 없다. 그것은 형이상시로 제시될 수 있는 특성을 형이상시는 분명히 지니고 있기 때문이고, 이 특성이 형이상시학이자 시법으로 제시될 수 있기 때문이다.

17세기에는 물론 20세기에 들어서 재조명되면서 제기된 형이상시에 대한 평가치 속엔 분명히 형이상시학과 시법이 고스란히 들어 있다. 양극화나 양극화를 교묘히 결합시키는 동떨어진 것들을 시적 질서로 이끌어 내는 遠引的 비유, 착상의 기발성으로서의 재빠른 포착력과 전환의 순발력으로서의 위트가 이끌어내는 컨시트, 그리고 시의 복수라고 할 수 있는 순수한 痛懲 등은 유독 형이상시만이 지니고 있는 특성들로서 이를 해명했을 때 형이상시의 시학과 시법은 극명해질 것으로 본다.

형이상시는 첫째 양극화의 시학에서 출발한 시다.

둘째 컨시트를 시학으로 하는 시다.

셋째 순수한 痛懲을 시학으로 하는 시다.

이러한 三分法은 필자의 견해를 집약적으로 제시한 것으로서 형이상시의 시학이나 시법을 다 집약했다고는 할 수 없다. 그러나 형이상시의 대표적 특성으로는 제시될 수 있다고 보고 이를 제시, 구체화함으로써 본질적 접근을 시도해 보고자 한다.

양극화의 시학과 시법

양극화란 자석의 양극처럼 하나의 것이 두 극으로 나누어지는 성질을 말한다.

그 때문에 서로 배척하는 상반·상충의 대립 갈등을 수반하면서 동시에 서로가 끌어들여 자신의 존재 조건으로 하고자 하는 양극성을 지니게 된다.

물론 이는 양극성의 자석을 빌어 설명한 것이지만 형이상시의 시학적 원리도 예외는 아니다. 형이상시가 즐겨 시법으로 하고 있는 동떨어진 것을 하나로 결합시킴으로써 성립시키는 遠引的 비유나 서로 이질적 두 요소를 상충시켜 시적 광체를 획득하고자 하는 시법으로서의 원리가 다 같이 양극화를 전제로 했을 때만이 성립될 수 있는 것들이기 때문이다.

달리 지적하면 양극화 없이는 원인적 결합도, 결합을 통한 시적 광체도 획득될 수 없다는 뜻이니 형이상시가 되기 위해서는 양극화가 필수적 조건이란 뜻이 되게 된다.

필수적 조건으로서의 양극화가 신비평 시학으로 재 조명된데는 그럴만한 이유가 있었던 것으로 보아줄 수 있다. 그것은 양극화가 단순한 상반·상충의 이질적 두 극성의 병치에서 나아가 새로운 시대적 시의 요청을 수용하고자 하는 시적 자각으로 확대되기를 희망하는 곳에서 제기되었다고 보여 지기 때문이다.

이른바 렌섬이 주창한 제3유형의 시는 신비평학파들이 새로운 시의 지평으로 제시하고 있는 시다. 제1 유형의 시라고 할 수 있는 관념의 시도, 제2 유형의 시라고 할 수 있는 사물시도 다 바람직하지 못한 편향성의 시라고 규정, 이를 극복할 수 있는 것으로 제 1유형의 시와 제2유형의 시를 버리는 곳에서 출발하기 보다는 두 유형의 시적 특성을 결합시켜 새로운 유형의 시를 대두시키고자 한데서 제기된 시가 제3유형의 시였던 것으로 보아줄 수 있기 때문이다.

제1유형의 시라고 할 수 있는 관념과 제2유형이라고 할 수 있는 사물의 합성, 그것은 사상의 감각화일 수도 있고 감각의 초월을 통한 새로운 관념의 발견이나 탄생일 수도 있다. 사상의 감각화는 관념을 형상으로 빚어내는 일이고, 감각의 초월은 형상 뒤에 숨겨진 비의의 발견일 수도 있게 된다. 이렇게 해서 두 극성으로서의 양극이 결합되어 탄생하는 시가 곧 제3의 유형의 시쯤일 것으로 미루어 볼 수 있지 않을까.

해석이야 여러 측면이나 본질적인 것을 통해 다양하게 이루어질 수 있을 것으로 볼 수 있으나 형이상시의 시학의 본질이나 시법으로서의 양극화는 형이상시의 생명이자 형이상시 자체라고 할 수 있다.

이러한 양극화에서 출발시킨 시가 풍시조다. 양극화에서 시를 출발시켰다는 것은 풍시조가 양극화를 떠나서는 존재할 수 없다는 뜻과 함께 양극화를 존재조건으로 한다는 뜻이기도 하다. 동시에 이는 풍시조가 형이상시학이나 시법과 맥락을 잇대이고 있다는 뜻이 되고 형이상 시법으로 풍시조를 조명할 수 있게 하는 근거가 되어 주기도 한다.

먼저 시부터 제시해본다.

동굴일지 · 318

4대강 보 쌓아 물길 가두는 건 좋네마는
행여 방민지구 했다 막힌 여론 터지면 4대강과는 달라
범람하는 여론 물길 보로는 못 막거든

* 방민지구(放民之口): 백성의 입을 막아 여론을 차단한다는 史記에 나오는 말.

동굴일지 · 324

50년만의 한파에 묶인 발목 답답해 파한 삼아 TV 켰더니
웬걸 여당은 뜨건뜨건, 야당은 후끈후끈, 난방이 필요없던데
어쩐다, 죄진자, 낙마할자 한속기 못면할걸 생각하니 파한도 상팔자데

동굴일지 · 415

악을 기피하는 것도 선, 선에 돌진하는 것도 선
그중 선 중의 선은 실천하는 선
헌데 인간들은 입으로는 선선하면서 행동으로는 악악거리거든

예시들은 500여 편의 연작 「동굴일지」 중 발표된 것들 중에서 임의로 골라본 것들에 불과하다. 「동굴일지 · 318」은 '보 쌓아 물길 가두는'것과 '막힌 여론 터지면'이라는 서로 상충되는 양극화를 보여주고 있다.

「동굴일지 · 324」에서는 '50여년만의 자연의 한파'와 이에 상반되는 정치적인 여의 '뜨건뜨건'과 야의 '후끈후끈'을 상충시킴으로써 역시 양극화를, 그리고 「동굴일지 · 415」에서는 '선'과 '악'을 상반을 통해 양극화를 보여주고 있다.

이러한 양극화는 500여편의 시에 최소한 3분의 2를 차지하고 있어 풍시조가 양극화를 시법으로 하고 있음을 보여준 셈이다.

문제는 양극화가 서로 다른 이질적 요소들을 병치시켜 상반 상충성을 보여주는데 있지 않고 서로 동떨어진 것들을 어떻게 결합 내지 이동 전환시켜 새로운 시적 질서의 화해로운 관계로 이끌어 내느냐에 있다.

예시 중 「동굴일지 · 318」에서 '4대강 보 쌓아 물길 가두는' 것과 '막힌 여론 터'져 여론 물길 범람하면 보로도 막지 못한다는 진술은 양극화된 상반의 것을 교묘히 합성시켜 새로운 관념을 탄생시킨 것이 된다.

예시 「동굴일지 · 324」에서의 계절로서의 '한파'와 정치 계절로서의 '뜨건뜨건' '후끈후끈'을 서로 상치시키고 '한파에 묶인 발목'의 답답함에서 풀려나기 위해 '파한 삼아 켠 TV'와 '파한도 상팔자'라는 서로 상충되는 두 경우의 양극화가 이끌어내는 새로운 합일로서의 상충의 극복도 같은 맥락의 것이라 할 수 있다. 그런가 하면 예시 「동굴일지 · 415」에 '악'과 '선'의 대비를 통해 구두선으로서의 '선'과 행동으로서의 악을 상충시킴으로써 인간의 언행불일치를 질타하는 것도 일종의 양극화가 거둔 시적 설득력이라 할 수 있다.

이상에서 볼 수 있듯이 양극화란 단순히 서로 이질적이고도 동떨어진 것들을 병치시켜 상충시킴으로써 끝나는 것이 아니라 이 상반의 것들을 이동과 전환을 통해 화해로운 시적 질서로 결합시키고 결합시킴으로써 새로운 관념이나 이미지를 발견하거나 탄생시켜 새로운 시적 질서로 재구성해 기여하게 하는 것에 본래의 목적이 있다고 할 수 있다.

달리 지적하면 서로 상반·상충의 이질적이고도 대립된 양극화가 수반하는 긴장과 불안과 초조 따위의 정신적 갈등을 화해로운 관계로 합일시킴으로써 해소시켜 시적 감동에 값하게 하는 것이 양극화의 본래의 본질이라는 뜻이다.

문제는 양극화를 하나의 시적 질서로 합일 시켜 주는 시적 역할이 무엇이냐에 있는데 그것이 다름 아닌 형이상시법에서 빼놓을 수 없는 컨시트다.

2012년 初夏

박 진 환

박진환 제35시집 / 諷詩調 · 17

동굴일지 · I

차례

동굴일지 · 1

터졌다 하면 부정 · 부패, 그나마 힘 있고 잘난 놈들이 저지른 악
정작 악 저지른 놈들은 낯가죽 붉힐 줄 모르는데
악이 뭔지 모르는 힘없는 것들이 더러워 토악질로 게워내는 악악악

동굴일지 · 2

부실 저축은행 줄줄이 퇴출에 빗발치는 예탁자들 항의
항의 무마차 나타난 금감원장 통장 내밀며 왈, "나도 예탁 했소"
"뭐요, 걱정말라고요 염치가 왕 국제적이시네, 누구 달갈 없소?"

동굴일지 · 3

대형 부정 · 부패 터졌다하면 방귀께나 뀌는 놈들이 저지른 죄
잔챙이 상것들이 저지른 죄는 죄랄 것도 없지만 죄와 죄 어중간
죄의 우리에 갇혀 사는 죄없는 민초들만 되레 죄인 신세 못 면해

동굴일지 · 4

시각으론 붉고, 촉각으론 매끄럽고, 미각으론 시고 달고
후각으론 향기론 사과 속엔 감각을 넘어서 존재하는 것이 있듯이
모든 사물의 배후에 가려진 비의의 발견자가 시인이란 사실

동굴일지 · 5

신 새벽 전화벨소리, 국제전화였으나 응답 없이 끊었다
두 번, 세 번째도 그랬다, 네 번째에야 사기꾼 장난이란 걸 알았다
재수 없게스리, 짜증에 내자 왈 "폰맹 면할려면 아직 멀었네요"

동굴일지 · 6

토마토 저축은행 예탁자들 난장판에 나타난 금감위원장
통장 흔들어 보이며 "안심하세요, 나도 예금했습니다"
예탁자 왈 "좋아허시네, 토마토만 봐도 역겨워, 예금은 무슨"

동굴일지 · 7

머리에 상처를 입고 피를 흘렸다, 엄습해오는 죽음 공포
헌데 피만이 아니라 물도 죽음을 가져다준다는 걸 알았다
잉크에 타 쓰는 물이 가져다 주는 죽음

동굴일지 · 8

집구석 도처에 끈끈이를 둘러친 喜子가 먹이를 노리고 있다
집구석만이 아닌 사회 도처가 喜子판 세상이다
세상이 온통 걸어 다니는 喜子가 둘러친 울타리에 갇혀 있다

* 희자(喜子) : 거미의 이칭.

동굴일지 · 9

파헤쳤다 하면 황금으로 매장된 부정 부패의 무덤
정작 금광은 폐광 못 면하는데 도처에 황금무덤이라니
아하, 금성금벽이란 게 검은 황금으로 된 무덤이었구나

* 금성금벽(金城金壁) : 황금으로 성을 쌓고 벽을 쌓았다는 뜻

동굴일지 · 10

우울과 고독은 혈통이 다르다
다르면서 같은 건
죽음을 예비하는 병이라는 것, 그 병을 우리가 앓고 있다는 것

동굴일지 · 11

"선생, 가뿐해 보이시는데 무슨 좋은 일이라도 있소"

"암, 가뿐하죠, 있고 말고요"

"평생 짊어지고 다니던 양심이란 놈을 부려버렸거든요"

동굴일지 · 12

부자일수록 세금을 안 낸단다
共生을 모르는 사리사욕, 이기심 때문이 아닐까
허긴, 부자들 사전엔 利他心이란 단어가 없거든

동굴일지 · 13

두발로 걷는 하루에 만보 걷기, 결코 쉽지만은 않은 일이다
더 쉽지 않은 것은 마음으로 내딛는 한 행보의 헛발질과 正道行
그보다 더 쉽지 않은 것은 인생이란 주어진 길 겸허하게 걷기

동굴일지 · 14

봄 · 가을로 앓는 비염인지 염비인지 의사는 코가 민감해서란다
암, 버터 · 치즈 노린내도, 때묻은 주머니속 동취도, 꾼들 속내도말지
단 하나, 욕심덩이 터져 풍기는 제 속 썩은 허천기는 못 맡아서

동굴일지 · 15

되는대로, 닥치는 대로, 주먹구구식 마구잡이로 사는 삶도 삶이다
하늘 올려다보고, 좌우 살피고, 앞을 내다보며 사는 것도 삶이다
어느 것이 옳은 삶이냐고 묻질랑 마시게나, 삶에 정답이 있던가

동굴일지 · 16

어지러이 발자국을 찍고 간 만추의 나무들을 보라
행방은 알 수 없지만 어디론지 돌아갔음이 분명하다
산신령께 여쭤봤더니 대답 대신 하늘을 쳐다봤다

동굴일지 · 17

따르릉 따따르릉, 여론 조사입니다
아, 그러세요 수고가 많으시네요
헌데 왜 남론과 야론은 없는 거죠

동굴일지 · 18

경제 대통령 자처하고 출발한 MB, 전문가 평가는 경제 실패
출발부터 잘못된 기대였으니 결과는 뻔할 뻔자 일밖에
경제는 대통령 몫이 아닌 더불어 이루어가는 국민의 몫이거든

동굴일지 · 19

가을걷이를 하는 농부가 있어 과객이 물었다
"금년 농사는 잘 지으셨는지요?"
대답 대신 쳐다본 하늘에는 먹구름이 가득 끼어 있었다

동굴일지 · 20

개안이란 無로써 有를 봄이니 눈감고도 볼줄 아는 見者이고
보아서는 안 될 것은 보지않음이고, 보지않아서는 안 될 것은 봄이다
보고도 보지않음과 같이하고, 보지 않고도 봄과 같이하는 見者개안

동굴일지 · 21

아빠, "해가 빨갛어요", 네 살짜리 손주가 노을을 보고 하는 말이다
지아비가 받는 말 "빨이 아니고 귀가 달렸잖아"
할애비왈, "하루가 고달파 코피를 쏟았구나" 교과서엔 없는 정답들

동굴일지 · 22

꼬부랑 할머니 한분이 막대지팡이를 짚고 길을 가고 있다
"어디 가세요? 딸네집에 가시나 보죠?"
할머니, 지팡이 들어 파란 가을 하늘을 가리켰다 아하, 가을 나들이

동굴일지 · 23

뇌물은 사리사욕을 앞세운 계획된 공세에이니 이기주의고
선물은 함께 하고자 마음에서 우러난 나눔이니 이타주의다
헌데 뇌물 · 선물, 이기 · 이타 분간 못하는 멍청이들이 많아서

동굴일지 · 24

줬다는 놈은 있고, 받았다는 놈은 없는 뇌물
뇌물을 선물쯤으로 알았을까, 먹고 나니 까마귀 고기였을까
그러니 속이 시컴할 밖에, 속 검은 놈일수록 흰 뱃바닥 내밀거든

동굴일지 · 25

홍제천 마른 천변 걷기는 내 만보행 단골 코스
건강 · 운동 목적은 같은데 지면 끼리도 자 · 타 금긋고 스쳐지나가는
표정도 구화도 굳어버린 만발자국에 밟히는 이 시대의 비정

동굴일지 · 26

고개 숙이거나 허릴 굽힐 때마다 셔츠 주머니에서 떨어지는 핸드폰

핸드폰과는 달리 숙이고 굽힐수록 안 떨어지는 것도 있지

뭐냐고? 히히 모가지나 감투

동굴일지 · 27

과거를 먹고 사는 계피학발들이 미래를 살기 위해 팔을 걷어붙인다
독감예방주사를 맞기 위해 모여든 두동치활의 고로들
제마다 선화의 꿈 발자국으로 찍으며 골목을 빠져나간다

* 계피학발(鷄皮鶴髮) : 피부가 닭살처럼 거칠고 머리털이 학의 깃털처럼 희다는 뜻이니 노인을 가리키는 말이다.

* 두동치활(頭童齒闊) 머리는 어린이처럼 민들하고 이는 드문드문 빠졌다는 뜻이니 머리털과 이가 빠진 늙은이를 이름.

* 선화(仙化) : 신선이 되었다는 뜻이니 병 없이 늙고 병 없이 죽는 다는 말.

동굴일지 · 28

부자는 부의 두께만큼이나 피둥피둥 살이 찌고
빈자는 가난한 만큼 영양실조 못 면하는 이 땅의 감세정책
관후이불가교, 위기소소란 옛분들 말씀

* 관후이불가교(寬朽而不可校) : 돈 꿰미가 썩어서 그 돈의 수를 헤아릴 수 없다는 뜻이니 주체할 수 없을 만큼 많음에 비유한 말.

* 위귀소소(爲鬼所笑) : 가난의 신이 비웃는다는 뜻이니 가난을 면치 못함을 이르는 말.

동굴일지 · 29

높은 산에 좋은 나무 없고, 높은 가지일수록 부러지기 쉽다
옛분들의 이 말씀, 현금에도 지당한 명언 아니던가
요샛것들 높은 산 높은 가지 바라기하며 침 흘리는 꼴이라니

동굴일지 · 30

못된 풀도 화분에 심어 놓으면 화초라 한다는 옛분들 말씀
못난이도 좋은 자리에 앉혀 놓으면 잘나 보인다는 뜻이거니
뜻이야 어찌 그르랴만 등태산이소천하, 잘난 체 해서 그렇지

* 등태산이소천하(登太山而小天下) : 높은 산에 오르니 세상이 작아 보인다는 뜻으로 높은 자리에 오르면 세상 사람을 얕잡아 내려다본다는 맹자에 나오는 말.

동굴일지 · 31

高는 go이니 높은 자리일수록 쉬 떠나가기 마련이란 뜻이야
低는 down이니 좋은 일만 많다는 多運이거든
것도 모르면서 높은 자리 올려다보며 침 흘리는 꼬락서니라니

동굴일지 · 32

MB 퇴임 후 새 사저 마련 입주한다던데 이유인즉 경호 때문
평인으로 돌아가도 경호의 울타리 치고 살아야 한다면
필시 재임시 베푼 덕 보다 맺힌 악연이 더 많아서나 아닐지

동굴일지 · 33

모기에 잠 도둑 맞았다고 눈알 붉힐 일 아니지
세상이 온통 득실거리는 도둑놈 소굴 아니던가
피보다 귀한 양심 도둑맞고도 잠 못 깬 놈이 부지기수인데

동굴일지 · 34

회색 콘크리트 숲은 피에 굶주린 동물들이 득실거리는 세계
피 한 방울 빼앗겼다고 모기 탓 마시게나
날마다 채혈해가듯 도둑질해가는 피 도둑 천진데

동굴일지 · 35

너도 도둑놈, 나도 도둑놈, 도둑놈 세상에 사는 모기라고 다르냐
피 빨아 먹고 사는 것이 도둑놈 습생인 것을
탓하지 마시게, 벌건 대낮에 피 훔쳐 가는 날강도 세상 아니던가

동굴일지 · 36

앵앵 저 미물들이 어찌 피 맛을 아는 것일까
서로 피 빨아 먹고 살찐 세상을 어찌 알고 있는 것일까
모기만이 아니지, 야행성 짐승들 죄다 피 빨고 사는 것을

동굴일지 · 37

한 방울의 피를 지키기 위해 한밤중에도 몇 번 씩 잠을 깬다
웃기는 일이지, 피 한 방울이 무슨 대수라고 모기와 전쟁이라니
송두리째 양심 빨아 먹히고도 깰 줄 모르고 통잠 자면서

동굴일지 · 38

동굴엔 유독 모기가 많다, 시도 때도 없이 피를 노린다
저 미물이 어찌 동굴의 풍속을 좇아 주인 흉내를 내는 것일까
허긴, 동굴지기 습벽이 워낙 피를 좋아해서

동굴일지 · 39

모기란 놈한테서 피의 의미를 배운다
서로 뺏고 빼앗기며 싸우는 피 싸움이 세상살이 아니던가
피 흘리고 살면서 피 보다 귀한 것을 위해 흘린 피의 의미를 배운다

동굴일지 · 40

여 · 야정치판, 서로헐뜯고 깎아내리고 비아냥하기 풍시조빰치던데
어쩐다 눈 씻고 봐도 시는 없고
구린내 풍기는 말 성찬만 시로는 부족한지 시시에 하다 달았네

동굴일지 · 41

금년 은행 수익 2천억원, 은행 땜새 망한 민초들 억울해서 억억억
　　　미 월가 데모 지켜보며 남의 일 아닐성 싶어 놀란 입들도
이러다 돈으로 쌓아올린 은행들의 억장지성 무사할지 걱정에 걱정

* 억장지성(億丈之城) : 퍽 높이 쌓은 성.

동굴일지 · 42

헌신짝 버리듯 벼슬 팽개칠 줄 알았던 옛분들의 고불사지심
은퇴 후 경호의 울타리 미리 치는 걸 보면 쟁신부재 실감하네
울타리 없는 삶의 자유만이 지닐 수 있는 것이 고불사지심인 것을

* 고불사지심(高不事之心) : 은퇴하는 것을 고상하게 생각하는 마음을 일컫는 말.

* 쟁신부재(諍臣不在) : 임금의 잘못을 간하는 신하가 없다는 뜻.

동굴일지 · 43

국내에선 MB 매국노 운운인데 미국에선 역대 최고의 국빈 대우
엇갈린 두 극과 극 사이에서 갈피 못 잡은 국민들 의아 연발인데
의문의 의아냐, 감탄의 으아냐, 그것이 문제로다 아으 동동다리

동굴일지 · 44

방방곡곡 입입마다 노래가 홍얼홍얼, 세상이 온통 노래판
웅변은 정신을, 노래는 감각을 매혹시킨다던데 그럴 밖에
정견발표장엔 기십명, 노래판엔 인산인해 정신 나간 세상이거든

동굴일지 · 45

난세엔 충신 있다는 말, 바꾸면 태평성대엔 충신 없다는 말
충신 없으면 어떠랴, 태평성대면 그만이지, 헌데 어쩐다
난센데 충신없고, 태평성대라는데 민초들은 난세라 외쳐대니

동굴일지 · 46

중이 고기 맛을 보면 빈대도 잡아먹는다더니
굶주리다 돈 맛 보고 아예 빈대가 되어버린 나리님들
더러운 피 빨아 살찌고도 붉힐 줄 모르는 유들유들한 상판대기

동굴일지 · 47

네네하는 하인의 주인보다 노노할 줄 아는 諍臣의 주인 됨이 군주
내곡동의 네와 논현동의 노가 연상시키는 예스와 노
그 속에 군주의 정도 · 정치 · 정행의 치도가 들어 있었을 줄이야

동굴일지 · 48

MB, 노노로 일관하던 노 전 대통령 평가 점수 칭찬
격절탄상은 아니지만 반대가 칭찬으로 바뀌었다면 노 아닌 예스
노노왕도 예스로 선회, IMF 힘인가, 구관이 명관인 때문인가

* 격절탄상(擊節嘆賞) : 손으로 무릎을 치며 탄복하여 칭찬함.

동굴일지 · 49

한해 2조원 넘게 수익 올린 돈 놓고 돈 먹는 은행가
거꾸로 사기에, 빚에, 부정 저지르다 망한 저축은행들
억 꿈꾸며 모은 돈 맡겼다 당한 민초들만 억울해서 억억억

동굴일지 · 50

작명이 안 좋았어, AE 카타피, 피가 들어갔으니 피 흘릴 수밖에
이번엔 더 안 좋아 A · E에 F 보탰거든
권총 F가 들어 있으니 피를 흘릴지, 피 대신 석유를 흘릴지

* A · E · F : America, England, France의 머리 글자.

동굴일지 · 51

바람도 체온이 그리운지 마다해도 한사코 품속으로 파고 들고
정작 나누고 싶은 정은 체온 마다 하고 싸늘히 돌아선다
따뜻한 체온이 그리운 계절의 가슴들, 나눌 체온 있기나 하는 걸까

동굴일지 · 52

MB 임기 1년 앞두고 정권 누수 운운 잦더니
그걸 어찌 강물이 귀동냥 했을꼬, 4대강 봇물도 줄줄이 샌다대
아하, 수수기지방원이라더니 옛분들 말씀 그릇됨이 없구나

* 수수기지방원(水隨器之方圓): 그릇의 모양새에 따라 물도 그 모양을 달리한다함이니 백성들의 선악은 임금의 선악을 좇는 다는 말. 또는 아랫사람은 웃사람의 자잘못에 따라 인생의 자잘못이 생긴다는 한비자의 말.

동굴일지 · 53

프랑스 사르코지 대통령 하루 식대가 1,760만원이란다
메뉴 영양가 맛 따위엔 관심이 없다
다만 궁금한 건 우리 나랏님 하루 진지 값은 얼마나 되는지?

동굴일지 · 54

운동은 식욕을 낳고, 식욕은 운동을 필요로 한다던데
사르코지 하루 식대 1,760만원이면 무슨 운동 때문일까
특별히 소개된 것 없이 궁금해 하던데 혹시 밤운동 때문이 아닐까

동굴일지 · 55

독거가 고독을 낳고, 고독이 苦毒으로 번져 창궐한
병명이나 처방전이 동의보감에도 없는 고자 돌림병
헌데 어쩐다, 돌림병보다 황금에 걸신들린 떼거지가 더 많으니

동굴일지 · 56

UN 시리아 제제, 중 · 소 기부권 행사 했다고 비난 분분한데
인간을 움직이는 두 지레, 공포와 이익이란 나폴레옹말 몰랐나?
미는 전자를, 중국은 후자를 택한건데 선택은 자유아닌 이익이거든

동굴일지 · 57

근자설 원자래란 정사를 논한 말씀인데, 글쎄올씨다
가까운 자 멀리 떠나고 먼 자 찾아오지 않는 민심이반 보면
자공의 말씀이 틀렸음인지? 정사가 틀리지 않았음인지?

* 근자설원자래(近者說遠者來) : 가까운 자가 기뻐하고 먼 자가 찾아온다는 뜻으로 공자의 말씀.

동굴일지 · 58

어느 광고 문안에 '지구가 너무 작은 건 아닌가'고 설의했던데
지구가 작은 게 아니라 눈이 커진 게지
것도 청안 · 혜안은 생기다 말고 욕망 · 이기의 눈만 牛眼이 된 게지

동굴일지 · 59

여는 여끼리, 야는 야 끼리, 끼리끼리 차기 대권 눈독들이던데

정작 민초들은 식상한 묶은 정당 외면하고 신당 출현 원해

명주출노방이라고 누가 알아, 민초진주 아닌 진짜 진주 캐낼지

* 명주출노방(明珠出老蚌) : 오래 묶은 조개에서 진주가 나온다는 말로서 시원찮은 어버이가 뛰어난 자식을 낳는 다는 것에 비유한 말.

동굴일지 · 60

허욕은 심장 없이 걸친 허울과 같아서 허수아비꼴
허긴 가손오공과 다를 것이 있겠는가
거리마다 인간 허울 뒤집어쓰고 다니는 허욕의 허수아비들

* 가손오동(假孫悟空) : 흉터를 숨기고 좋은 것인 양 꾸밈을 말함.

동굴일지 · 61

옛분들 벼슬에서 물러나면 낙시유거 상마지교 즐겼거니
세외 한정의 여유로움 좇아 여생 즐김이 아니던가
헌데 요즘 세상 물러나면 살 궁전부터 꾸미데

* 낙시유거 (樂是幽居) : 그윽하고 궁벽한 곳에 사는 즐거움.
* 상마지교(桑麻之交) : 권세나 욕망을 버리고 뽕나무와 상나무를 벗한다 함이니 전원의 은거를 뜻함.
* 세외한정(世外閒情) : 속세를 떠난 한가한 정.

동굴일지 · 62

공세우고 물러나시는 공성신퇴 택하신 분들 고와 즐기실까?
천장지비 즐기실까? 두 의문부 사이에 또 하나 의문부, 글쎄요?
정치란 게 워낙 아편기와 같은 것이어서

* 공성신퇴(功成身退) : 공을 세운 후 물러나 한가히 몸을 갖는 것이 천리를 좇음이라는 老子의 말.
* 고와(高臥) : 세상을 피해 은거하며 그 마음을 고상하게 함.
* 천장지비(天藏之秘) : 파묻혀 세상에 나타나지 아니함.

동굴일지 · 63

저항과 굴종은 양극의 삶
잘 길들여진 굴종의 삶 버린 곳에서 저항의 삶은 시작된다 함이니
지사불굴만이 삶다운 삶이고 죽음다운 죽음이라는 등식

* 지사불굴(至死不屈) : 죽을 때까지 굴하지 않고 항거함.

동굴일지 · 64

어떠한 정부도 유력한 야당없인 오래 안전할 수 없다
묻노니 정치인 중 디즈레일리의 이 말 아는 이 몇이나 될까?
아는 것이라곤 편싸움 밖에 모르는 집단이 이 땅의 정치 풍토여서

* 디즈레일리 : 영국의 정치가 소설가, 대영주의 주창자.

동굴일지 · 65

左傳에 지녔던 의문 풀렸다는 뜻의 환연빙석이란 말 있지
의문도 지녀야 풀리지 지니지 않으면 풀릴 일도 없다는 이치
문제는 지니나 마나한 의문마저 안 지닌 백치로 사는 우리네 삶

* 환연빙석(渙然氷釋): 얼었던 얼음이 녹아 풀린다함이니 늘 지니고 있던 의문이 풀려 알게 됐다는 뜻으로 쓰인 말.

동굴일지 · 66

폭력도 문제지만 자살도 문제인 학교
문제 있으면 답이 있기 마련인데, 답은 없고 문제만 있는 학교
답 얻어오라 학교에 보냈는데, 되레 문제만 안고 돌아오는 학생들

동굴일지 · 67

폭력은 머리를 가졌으나 뇌수가 없는 놈들이 저지른다던데
뇌수가 없으면 골빈 놈이 아니던가
골이 비었으니 머리는 써 봤자고, 팔 · 다리만 쓰다 보니 폭력이지

동굴일지 · 68

한 손엔 백묵을 다른 한 손엔 매를 들게 하라
백묵으로 선을 가르치게 하고 매로는 악을 다스리게 하라
학교폭력 극복한 괄구마광의 비결인즉 이러하거니

* 괄구마광(刮垢磨光) : 사람의 흠을 없애고 선을 행해 빛나게 한다 함이니 교육으로 인재를 길러냄을 이름.

동굴일지 · 69

시리아 UN 제재 중 · 소 거부권 행사 불만토로 역겹다 했던데
어디 중 · 소만 그러던가, 미 · 영 · 불도 단골 아니던가
UN 전매 특허 제1호가 거부권 행사인 것을

동굴일지 · 70

요즘 새들은 허수아비 머리에 앉아 물큰 똥을 내갈겨
새만 그런가; 저축은행 불법대출 3조원의 조자도 새鳥자거든
금감원 머리 아닌 낯비닥에 동취 진동한 황금똥 갈겼잖아

동굴일지 · 71

별의별 문제는 다 학교에서 그 답을 가르치던데
없는가봐, 학교 폭력 해법은
폭력 해법이란 과목, 대학 교과목에도 없거든

동굴일지 · 72

동취 · 구린내로 오염된지 이미 오래된 여의도
목하 정가에선 물갈이가 한창이던데
물물교환으로 때 묻은 양심, 물물물로 물세탁 좀 합시다

동굴일지 · 73

국회를 양심을 물물교환하는 거대한 시장이라 했던데
동취 구린내나는 물물 물세탁으로 대청소 좀 합시다
물갈이물갈이 앞세우는 정치판 말 믿지말고 민초들 마음의 청정수로

동굴일지 · 74

정직하게 벌어 참되게 쓰면 선
부정하게 벌어 더럽게 쓰면 악
도덕책 펼칠 것 없어, 돈의 양면에 선 · 악이 쓰여 있거든

동굴일지 · 75

무거운 주머니에 가벼운 마음
가벼운 주머니에 무거운 마음
그렇구나, 주머니 속에 마음을 담고 다니는구나

동굴일지 · 76

법의 그물코를 법망이라 하고, 고달픈 삶을 고해라 하던가
마음 기둥 삿대 삼아 고해 저어 가고 그물코에 걸릴 일 없다면
비록 취사몽생일지라도 그물코에 걸린 정승의 삶보다 안 낫겠나

* 취사몽생(醉死夢生) : 아무 뜻도 이룬 것도 없이 흐리멍텅하게 한 평생을 살아가는 삶.

동굴일지 · 77

세상이 넓다고? 아냐, 세상이란 게 한 박스밖에 안 돼
바보상자에 온 세상이 들어 있거든
그세상이란게 곱사등이亞가 마음 심心을 깔아뭉개고 있거든 惡자 봐

동굴일지 · 78

벌써 꽃이 피었느니, 봄이 왔느니 법석들 떨던데
꽃 자만 들어도 일으키는 에취에취 알레르기 반응
物神物神 정신은 안 성한데 어쩌자고 코만 성해서

동굴일지 · 79

두물머리 몸섞어 하나로 흐르는 물의 뜻 따로 있는데
연인들 찾아와 맘과 맘 섞으며 물 흉내 하는 거 웃겨
양수리는 남과 북 하나라는 물로 말하는 자연의 언어인 것을

동굴일지 · 80

여당은 계파 해체하고 야당은 계파 모아 합당하고
목하 판짜기가 한창이던데 판만 짜면 뭘하나
장기판 봐, 판 벌였다하면 단병접전, 정치판도 똑 같아

* 단병접전(短兵接戰) : 칼과 검으로 적과 싸움.

동굴일지 · 81

친형 주변, 사촌 처남, 가신 출신 줄줄이 부정 연류 입방아
찧고 또 찧으면 아무리 단단한 껍질도 벗겨지기 마련인 입방아
이러다 알몸 드러나면 자칫 王者無親도 有親돼

* 왕자무친(王者無親) : 임금이라도 국법 앞에서는 사사로운 정으로 일을 처리 하지 못한다는 뜻.

동굴일지 · 82

옛분들 말씀이라고 다 명언은 아니야, 王者無親이란말 봐
나랏님만 無親이면 뭘해, 주변이 줄줄이 有親인데
그것도 친형 주변, 처가 주변, 사촌에 가신까지 줄줄이 有親이여

동굴일지 · 83

미 · 이란 철수, 마치 개선이나 하는 듯이 당당하던데
미군 희생 생각하면 개선은 무슨, 재수 옴 붙은 疥癬이지
그것도 피부병 아닌 두고두고 짓무르고 가려운 역사의 개선이지

* 개선(凱旋) : 싸움에 이기고 돌아옴.

* 개선(疥癬) : 흔히 말하는 재수가 옴 붙었다 할 때 쓰는 피부가 가렵고 짓무르는 피부병.

동굴일지 · 84

죽음은 생의 끄트머리에 찍는 피리어드
피리어드에서 끝나는 생과 피리어드에서 새로이 시작되는 삶
죽고도 죽지 않는 살아 숨쉬는 역사 속의 삶에는 피리어드가 없어

동굴일지 · 85

옛분들 교절불출악성이라 했거니, 잘 가시게나 김 위원장
죽음이란 핵으로도 권력으로도 물리치지 못하는 것
열강의 틈바구니에서 그만하면 나름의 호부우 했거니

* 교절불출악성(交節不出惡聲) : 군자는 절교한 뒤에도 그 사람의 욕을 아니 한다는 史記에 나오는 말.

* 호부우(虎負玗) : 호랑이가 산모퉁이에 의지하고 있으면 그 용맹을 당할 수 없다는 뜻으로 영웅이 한 지역에 할거함을 비유한 말.

동굴일지 · 86

한 자루 호미로 가난 일구시다 가난 남기고 가신 어머니
가난을 부보다 귀한 유산이라 하면 못 면할 미친 놈, 허나
돈에 환장한 놈은 모르지만 불효를 상속 받은 이는 이를 알지

동굴일지 · 87

그것이 비록 벼락일지라도 돈 벼락이라면 마다않는 배금사상
허나 돈돈하다 벼락 맞고 뒈지면 뭘 하나
불효벼락 맞아봐, 죽기는커녕 가신 어머님도 살아나셔

동굴일지 · 88

내년에는 내년에는 하면서 평생을 속아 살았다
속은 걸 탓하기 전에 속지 말았어야 했지만
누굴 탓하랴, 내가 내게 속았던 것을

동굴일지 · 89

잘 보시게나, 혀 둘 달린 사람들 천지여
하여 말에 속고 돈에 속고 사랑에 속고 속고 속고 또 속고여
속고 거꾸로 하면 고속? 그래 古俗 외면하고 新俗으로 살아서 그래

* 고속(古俗) : 오랜 예부터 전해내려오며 지켜지고 있는 생활상의 여러 습속.

동굴일지 · 90

북녘 핵 보유국 선언 놓고 세계 여론 핵으로 폭발하던데
핵보유국 거꾸로 해봐, 핵유보국 돼 폭발 면해
옳게만 보지 말고 거꾸로 보는 법도 익혀야 하는 것을

동굴일지 · 91

북녘 김정일 위원장 장례 끝나자마자 첫 발언 상종 안 해
상종 거꾸로 풀면 종상, 3년 상을 치렀음인데, 3년은 고사하고
3일도 아닌 하룻만의 발언이 이러하면 앞이 캄캄할 밖에

동굴일지 · 92

脫 중심 脫 구축 脫 경계 脫 권위 탈자 놀이 좋네마는
깨지거나 금이 간 그릇을 두드릴 때 나는 소리가 탈탈이거든
脫에 금가 깨진지 오래인데 여직도 탈탈이라니 그게 탈이구먼

동굴일지 · 93

송아지 한 마리 값이 고작 1만원, 10만원을 얹어준대도 안 사간다는
어느 축산인의 분노지 체념인지 역설인지 울음 삼킨 항변 인즉
비싼 사료 값 때문이라고, 허긴 요즘 소는 풀 아닌 돈으로 길러서

동굴일지 · 94

준 사람은 있는데 받은 사람은 없다
받은 사람은 있는데 준 사람은 없다, 이게 코리아 돈거래 방식
세종대왕 신사임당은 그렇다 치고 하나님 속이면 감옥 지옥 다 가는데

동굴일지 · 95

사랑에 속고, 돈에 울고, 시대가 버림받으면 죽은 목숨
살고 싶으면 돈 벌어, 돈 있으면 속지도 울지도 버림도 안 받아
헌데 어쩐다, 돈은 악의 근원, 돈 벌려면 악인이 돼야 하는데

동굴일지 · 96

돈 많으면 황제, 돈 없으면 거지
돈은 모든 악의 근원이라는데 거지면 악은 면한 셈
그래 난 거지다, 거지 중의 상거지 朴巨指다

동굴일지 · 97

우울증에 자살 늘어 OECD국 중 자살률 1위국 되고
우울증에 체병 걸려 목 핏대 세우다 고혈압 천국 되고
울화증이 저지른 살인은 천국 아닌 지옥국 되고

동굴일지 · 98

OECD국 중 자살률 1위국답게 초등학생까지 자살 · 자살
유서엔 왕따 · 구타에 성폭행까지 학교마저 범죄 천국
이러다 학교마다 범죄 쫓는 파출소 돼 경찰 천국 안 될지

동굴일지 · 99

초등학생까지 범죄 집단화로 병든 교육 처방전이 분분
학생도 · 선생도 · 사회도 · 법도 · 무기력 · 무관심 탓하던데
탓만 말고 선생님들 사복경찰 겸업시키면 처방전으로 딱인데

동굴일지 · 100

얼었다 풀렸다, 풀렸다 얼었다, 그래야 겨울답지
그러다 겨울 가면 윤중제에도 왕시꾸라가 만발인데
三冬뿐인 여의도 1번가는 절대 겨울, 허긴 안 풀려야 여 · 야 답지

•

박진환 시인은 전남 해남 출신으로 동국대 국문학과를 거쳐 중앙대 대학원을 졸업(문학박사)했다. 1960년 동아일보 신춘문예(詩)・1963년 自由文學(문학평론)으로 문단에 데뷔했고, 국제PEN한국본부 사무국장 및 이사, 한국문협 고문을 역임했다. 제9회 시문학상, 제3회 비평문학상, 펜문학상, 윤동주문학상 등을 수상했고, 한서대학교 교수 및 예술대학원장을 역임했으며 현재 월간 『조선문학』 발행인 겸 주간으로 있다. 중요 저서로는 시집에 『귀로』, 『사랑법』, 『꽃시집』, 『三行詩抄』 I ~XI 『諷詩調』, 『박진환시전집 I・II・III・IV・V』, 『物神時代』 I・II・III・IV・V, 『동굴일지』 I 등 35권의 시집이 있고 평론집으로 『한국현대시인론』, 『현대시론』, 『21C시학과 시법』 등 다수와 『한국시의 공간구조연구』, 『21C 시학』, 『시창작론』, 『諷詩調詩學』 외 다수의 역저가 있다.

•

조선문학시인선 317

諷 詩 調・17

동굴일지・I

2012년 6월 20일 인쇄
2012년 6월 30일 발행

지은이 / 박진환
발행인 / 박진환
펴낸곳 / 조선문학사
등록번호 / 1-2733
주소 / 110-092 서울 서대문구 홍제2동 96-4
대표전화 / 730-2255
팩스 / 723-9373

ISBN 89-93614-90-9

정가 8,000원